ACTIVER ET EQUILIBRER NOS CENTRES D'ENERGIE

LES CHAKRAS

Editions Recto Verseau

Dessins : Dominique Vollichard
Couverture et mise en pages : Ney R.L.

CP 12 - CH - 1680 ROMONT

ISBN : 2-88343-103-5

TABLE DES MATIÈRES

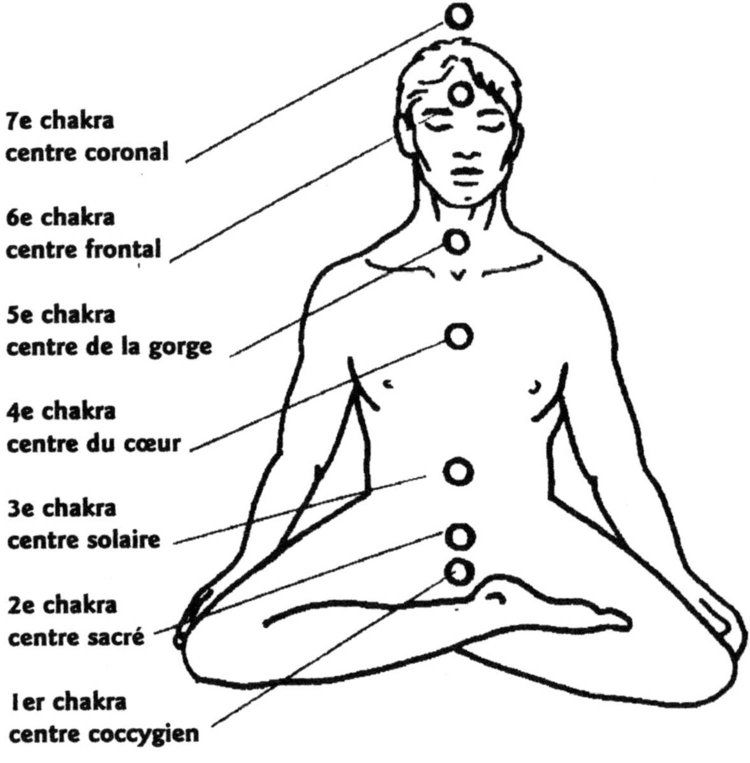
7e chakra
centre coronal
6e chakra
centre frontal
5e chakra
centre de la gorge
4e chakra
centre du cœur
3e chakra
centre solaire
2e chakra
centre sacré
1er chakra
centre coccygien

INTRODUCTION

PRÉSENTATION DES CHAKRAS

Chakra est un terme sanscrit qui signifie **roue** ou **vortex**. On lui donne également le sens de **centre** car les chakras sont des carrefours de **conduits d'énergie** (**nadis** en sanscrit). Le mot vient de la racine "nad" qui veut dire mouvement. C'est le long de ces conduits d'énergie que se déplace le **prana**, la force vitale.

Les chakras et les nadis ont longuement été étudiés et explorés dans la tradition indienne et spécialement par les maîtres en yoga, mais leur équivalent se retrouve dans d'autres enseignements.

Des milliers de conduits d'énergie parcourent notre organisme, se croisant en de nombreux chakras.

Un des buts essentiels des postures de yoga est la purification de ces conduits afin que l'énergie subtile y circule librement. **Parmi tous ces nadis, 14 sont importants et 3 sont essentiels, il s'agit de Ida, Pingala et Sushumna.** Ces trois nadis principaux sont comparables aux lignes de haute tension qui conduisent l'énergie au poste de transformation : les chakras.
Comme dans un câble électrique qui contient trois fils, Ida, Pingala et Sushumna représentent les pôles négatif, positif et neutre.

Ida nadi est le **canal négatif**, il prend naissance en dessous de la base de la colonne vertébrale, au niveau du premier chakra, et s'élève à partir de la gauche en mouvement sinusoïdal en traversant les autres chakras pour émerger à la racine de la narine gauche au chakra du troisième œil (Ajna chakra).
Ida est associé au système nerveux parasympathique, à la détente, à la réceptivité, à l'introversion, c'est le nadi lunaire.

Pingala nadi est le nadi solaire, **son énergie est positive** et stimulante, il est associé au système nerveux sympathique, à l'action, à l'extraversion. Il suit le trajet opposé à Ida, il commence à droite de la colonne vertébrale, croise Ida en chaque chakra et émerge à la base de la narine droite.

Entre ces deux courants s'élève un **courant neutre** appelé **Sushumna Nadi**, qui monte directement depuis la base de la colonne vertébrale jusqu'à Ajna chakra où il s'unit avec les deux autres nadis. Chez la plupart d'entre nous, Sushumna est inerte, elle devient momentanément active dans des moments d'extase, d'exaltation, de pulsions très fortes qui peuvent parfois prendre la forme d'accès de folie. La méditation, la concentration, l'équilibre requièrent l'énergie de Sushumna.
Sushumna nadi reste inactif à cause de l'impureté de l'ensemble des nadis ; les purifications corporelles (jeûne, hygiène de vie, net-

toyages, respirations, méditations) sont très importantes en ce qui concerne l'ouverture de ce nadi.

Lorsque Sushumna nadi s'ouvre, la **force de vie** (**kundalini** en sanscrit) s'éveille et s'élève le long de ce canal, libérant sa puissance dans tout le corps.
Il existe différentes pratiques pour permettre l'éveil de cette énergie primordiale, toutefois attention : il est capital de purifier les nadis avant de pratiquer l'éveil de la kundalini. Cet éveil doit s'effectuer progressivement et sous la guidance d'un spécialiste si vous utilisez des techniques particulières.
De plus, il faut distinguer l'éveil de la force kundalini et l'éveil des chakras, bien que les deux soient liés. Lorsque les chakras sont purifiés, activés et portés à une fréquence vibratoire supérieure, la kundalini peut les traverser sans danger.
Les chakras, comme les nadis, n'existent pas physiquement, ils ont été perçus en médita-

tion profonde par de sages et des yogis qui les décrivent comme des fleurs de lotus de formes différentes et dont le nombre de pétales varie. Il existe de très nombreux chakras, mais les principaux sont au nombre de sept, étagés le long de la colonne vertébrale (aux intersections de Ida nadi et de Pingala nadi). Ils sont localisés au niveau des cinq plexus nerveux majeurs en relation avec les glandes endocrines. Ainsi chaque chakra a une vibration particulière et correspond à une énergie psychique spécifique. D'une manière simplifiée, l'énergie cosmique pénétrant à travers un chakra est transformée en une énergie plus appropriée au corps physique, émotionnel, mental et spirituel, en correspondance avec le niveau de ce chakra.

L'ÉQUILIBRE DES CHAKRAS

Il existe sept chakras principaux, que l'on différencie parfois en trois chakras inférieurs (situés en dessous du diaphragme) et quatre chakras supérieurs (au-dessus du diaphragme). Le dernier chakra, Sahasrara, n'est pas toujours considéré comme un chakra, car il est libre de toute influence des nadis ; il est parfois défini comme contenant tous les chakras. Cette classification n'est pas une échelle de valeurs, il n'y a pas de bon ou mauvais chakra, chacun possède ses qualités indispensables à l'équilibre de l'être. Mais l'énergie qui se manifeste dans les chakras supérieurs est plus subtile que celle qui anime les chakras inférieurs. Il ne s'agira pas de vouloir éveiller immédiatement les chakras supérieurs sans avoir préalablement exploré les chakras inférieurs, l'énergie qui s'y manifesterait ne serait pas harmonieuse. Nous manifestons tous plus particulièrement un type d'énergie en rapport avec un chakra spécifique. Selon les périodes de notre vie, un chakra peut se manifester plus particulièrement, mais il nous est demandé d'utiliser toutes nos potentialités manifestées et latentes, comme un pianiste qui doit pouvoir jouer sur l'ensemble du clavier.

Un centre énergétique peut être endormi ou inactif, créant un manque d'énergie dans les organes associés ou une incapacité à vibrer sur les niveaux psychologiques et spirituels correspondants. L'énergie peut également stagner ou se bloquer dans un chakra, créant un dysfonctionnement physique pouvant conduire à la maladie ou une fixation psychologique et bloquant également le passage vers le chakra suivant.

Chakras et yoga : comment le mouvement élargit la conscience

La signification la plus courante donnée au terme "yoga" est "union". "Etre en yoga", c'est être en état d'union avec ce que l'on est en train de vivre, de faire, de penser, d'être... Il existe différentes formes de yoga, que Swami Vivekananda a très bien décrites dans son ouvrage : "Les yogas pratiques". En Occident, nous connaissons essentiellement le Hatha yoga, c'est-à-dire l'aspect plus corporel de cette voie spirituelle. Mais il existe également le Bhakti yoga (yoga de la dévotion), le Japa yoga (yoga du son), le Karma yoga (yoga de l'action), le Raja yoga (yoga royal) que nous développerons plus loin et bien d'autres formes. Il est vrai que si dans toutes ces voies, une note est dominante, le corps, le mental ou le cœur, des exercices corporels et respiratoires ont toujours été enseignés aux disciples. Il semblerait que le Hatha yoga soit la source de toutes les autres formes de yoga. Le Hatha yoga, très connu en Occident, a été codifié cinq siècles avant notre ère par des maîtres indiens. "Ha" désigne le soleil, "Tha" la lune. La pratique du Hatha yoga se base sur l'équilibre de ces deux forces. Il est faux de penser que le Yoga calme uniquement, bien sûr il apaise, mais en même temps il stimule.

Dans les religions monothéistes, il existait des techniques corporelles similaires. Certains monastères incluent dans leur manière de prier

des séries de mouvements qui pourraient s'apparenter à la salutation au soleil, par exemple. La prière musulmane est codifiée par différents mouvements qui ont chacun un sens. Il est regrettable que nous ayons pratiquement perdu cette partie de notre héritage spirituel.
Chez les anciens Egyptiens, prêtres et guérisseurs prenaient des positions bien particulières, dont certaines seront présentées dans cet ouvrage, pour se recharger ou devenir canal. On a également retrouvé, en Egypte, des hiéroglyphes représentant des postures traditionnelles de yoga indien.

Il existe deux manières d'activer un chakra

• diriger la force vitale, le prana, vers lui à l'aide d'une posture ou d'un exercice respiratoire.

• se concentrer sur sa situation, sur sa forme.

Mais en fait les deux méthodes n'en forment qu'une car en se concentrant sur un chakra, on lui envoie du prana et inversement.
Le Raja yoga a été codifié en huit étapes dans lesquelles le corps, le souffle et l'esprit ne peuvent être séparés.
Les deux premières étapes de la réalisation proposent une sorte de discipline morale qui préconise de ne pas faire de mal à qui que ce soit, en pensées, en paroles ou en actions.
La troisième étape nous intéresse plus particulièrement. Elle est appelée Asana et regroupe des centaines de postures, des purifications qui visent à maintenir le corps en bonne santé, à améliorer la circulation du prana dans les nadis. Chaque posture agit sur un ou plusieurs chakras, sur le système endocrinien et les organes correspondants. Cette partie du Raja yoga ressemble beaucoup au Hatha yoga.
La quatrième étape est appelée Pranayama. Il s'agit maintenant de contrôler le souffle, c'est-à-dire maîtriser le prana et par conséquent

activer les canaux énergétiques. Ces exercices respiratoires peuvent être très puissants, mais ils ne devraient être pratiqués que lorsque les étapes précédentes ont été largement intégrées. En effet, pratiquer des exercices de Pranayama alors que l'organisme n'est ni purifié ni libéré de ses tensions peut s'avérer complètement inefficace ou dangereux (si les exercices sont pratiqués intensément). Il en serait de même d'un enfant qui, par excès de zèle, voudrait courir avant d'avoir habitué simplement son corps à marcher.

L'objectif des quatre premières étapes est de purifier à la fois le mental et le corps physique. Ce nettoyage permet à la force pranique de circuler librement dans ces canaux (en correspondance avec les canaux nerveux), activant ainsi la conscience, l'équilibre et l'éveil.

Les quatre étapes suivantes sont appelées Pratyahara, Dyana, Dharana et Samadhi ou retrait des sens, concentration, méditation et union. Ces quatre étapes constituent une même séquence active. On se sait pas réellement quand se termine le retrait des sens et quand commence la concentration. Ces actions concernent le mental, sa maîtrise et sa purification.

Trop de chercheurs commencent directement par pratiquer la méditation. Leur corps est douloureux, leur posture incorrecte, leur esprit agité par la consommation d'excitants, le stress... ce temps de méditation devient vite un moment de torture. Alors qu'il suffit simplement de commencer par le début : orienter sa vie vers plus de respect de soi, des autres, de l'environnement, équilibrer son alimentation ou l'adapter à son tempérament et à ses activités, pratiquer une activité corporelle en conscience (yoga, taï-chi, marche...), puis y adapter des pratiques respiratoires pour gérer et amplifier son potentiel énergétique et enfin maîtriser son mental par la concentration et la méditation.

Les étapes vont parfois très vite et peuvent

même pour certaines se développer en même temps. Au début, les liens entre chaque étape sont très forts, l'état de méditation sera différent en fonction des aliments consommés au repas précédent ou la concentration sera plus forte après une série de postures. Mais après quelques mois ou années, selon l'assiduité, le corps sera moins dominant, la pratique de la concentration et de la méditation s'installeront plus rapidement. Il faut encore préciser que dans le yoga ou autres pratiques corporelles conscientes, le corps n'est ni vénéré ni annihilé, il est simplement un moyen, un outil d'accès à l'étape ultime de la réalisation. On le compare souvent à un temple. Si le temple est solide, propre, beau, en matériaux naturels, les cérémonies n'en seront que plus belles et plus vibrantes. Mais le temple n'est pas les cérémonies ni le prêtre. Il peut également y avoir des marchands même dans les plus beaux temples. Toute activité physique qui n'est pas pratiquée dans un esprit de compétition ou d'esthétique contribue à l'élargissement de la conscience. En fait, ce qui importe n'est pas la technique elle-même, mais l'esprit dans lequel elle est pratiquée. Les arts martiaux en sont un très bon exemple, certains ont su garder l'esprit d'origine, d'autres sont devenus des sports de combat ou des compétitions vidés de leur essence.

LE CENTRE COCCYGIEN

MULADHARA CHAKRA

Il est le premier des chakras principaux, on l'appelle également le chakra racine (mul : racine, adhara : lieu).

Localisation : entre la racine de l'organe génital et l'anus, à la base de la colonne vertébrale.
Organes et glandes associés : anus, intestins.
Maladies et dysfonctionnements physiques : problèmes intestinaux (colites, constipation, diarrhée...), cancer du côlon, hémorroïdes... les jambes sont également en rapport avec ce chakra.
Couleur : rouge.

Energie manifestée dans ce centre :
L'énergie de la force vitale et primordiale habite ce centre. Elle nous relie au monde des instincts et des pulsions, à notre aspect animal. Le centre coccygien est très rattaché aux besoins primaires, à la sexualité dans sa forme physique, aux besoins de manger et d'évacuer. Ce chakra, déséquilibré engendre la peur, l'agressivité, la violence, des besoins sexuels ou alimentaires incontrôlables ou relevant de la dépendance. Mais il est également porteur des qualités de construction et de réalisation, de courage, des capacités à se défendre, à apprécier la vie et ses plaisirs.
Il peut être intéressant de développer l'énergie du centre coccygien lorsqu'on se sent loin de la réalité, avec des difficultés à concrétiser, à se réaliser. Pour ceux qui, au contraire, manifestent un fort attachement à la matière et à la sécurité dans toutes ses formes, il faudra alléger cette énergie et lui permettre de s'élever vers les centres supérieurs ou de se mettre à leur service.

ACTIVER LE CENTRE COCCYGIEN

LA POSITION ACCROUPIE

C'est la position de repos des peuples orientaux. Elle demande une certaine souplesse des chevilles, mais elle est très bénéfique pour les muscles abdominaux et utérins.
Elle libère les intestins.

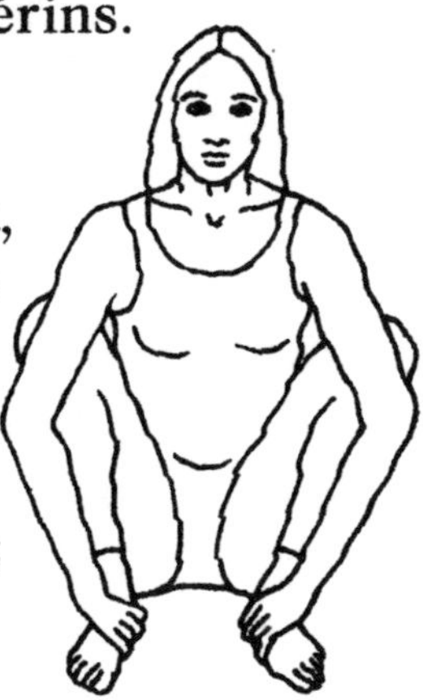

Position de départ : debout, jambes écartées comme le bassin.
Posture : descendez le bassin entre les pieds, sans décoller ceux-ci du sol. Gardez le dos droit.

Indications :
– élimine la constipation.
– renforce les mollets et les pieds.
– détend les hanches.

LE MARSOUIN

Cette position, plus facile que la précédente, élimine également les gaz intestinaux et améliore le tran- sit intestinal.

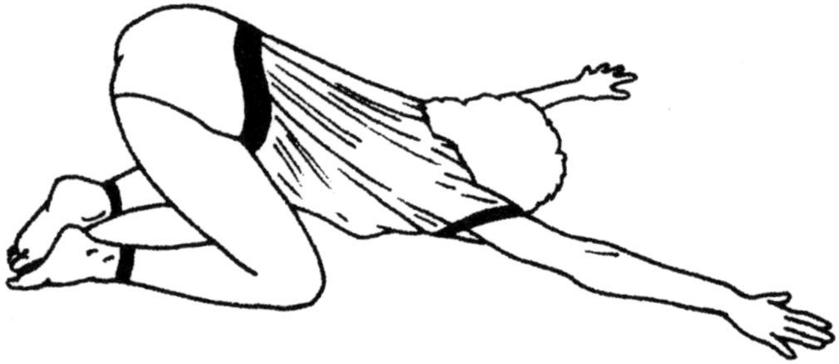

Position de départ : assis sur les talons, front au sol, bras tendus en avant.

Posture : rampez lentement pour décoller le bassin des talons et l'amener juste avant la verticale.

Les bras sont tendus vers l'avant, plus au moins écartés selon la souplesse.

Le menton est au sol et la poitrine doit tendre à toucher le sol.

Les genoux sont légèrement écartés.

Lorsque la position est confortable, en expirant, contractez le sphincter de l'anus, en inspirant, relâchez.

Indications :
- soulage le bas du dos.
- améliore le transit intestinal.
- évite les descentes d'organes.

RÉÉQUILIBRER LE CENTRE COCCYGIEN

En position debout, écartez légèrement les jambes pour trouver un équilibre stable sur le sol. Fermez les yeux et concentrez-vous sur le contact de la plante de vos pieds avec le sol. Approfondissez mentalement ce contact, par exemple en imaginant des racines qui partent de vos pieds et s'enfoncent dans la terre.

Activités complémentaires

Toutes les activités dans la nature, comme la marche, le jogging, le jardinage sont à developper dans l'esprit de se relier à l'élément terre, tout en éveillant en soi une forme de dynamisme. La danse africaine est également conseillée.

LE CENTRE SACRE

SWADHISTHANA CHAKRA

Le deuxième chakra est le lieu du soi. “Swa” signifie “soi-même”, “adisthana” signifie “siège”, “domaine”.

Localisation : à la racine de l’organe génital.
Organes et glandes associées : reins et gonades.
Maladies et dysfonctionnements physiques : maladies de l’appareil gynécologique et urologique, troubles de la sexualité.
Couleur : orange.

Energie manifestée dans ce centre :
Il est habité par le désir, la sensualité, le be-

soin d'appartenir à un groupe ou une famille sociale, politique, religieuse. Lorsque ce centre est inactivé ou bloqué, peuvent se manifester des difficultés à aimer son corps, à vivre sa sensualité et sa sexualité. On pourra aussi ressentir que le "cordon ombilical" n'a pas été coupé avec quelqu'un ou quelque chose ou qu'il existe un attachement fort au plaisir, à la richesse.

Par contre lorsque l'énergie y circule librement, la personne manifeste une grande facilité d'adaptation, de l'enthousisame et un non-attachement aux désirs et aux besoins, même si elle sait les satisfaire.

L'énergie de ce centre est à développer si l'on s'impose une vie trop rigoureuse, voire monastique, avec des préceptes alimentaires, religieux, sexuels. L'éducation religieuse occidentale a rendu ce chakra tabou, il sera donc important pour la plupart d'entre nous d'en rencontrer l'énergie, spécialement pour les femmes.

ACTIVER LE CENTRE SACRÉ

LE TRIANGLE

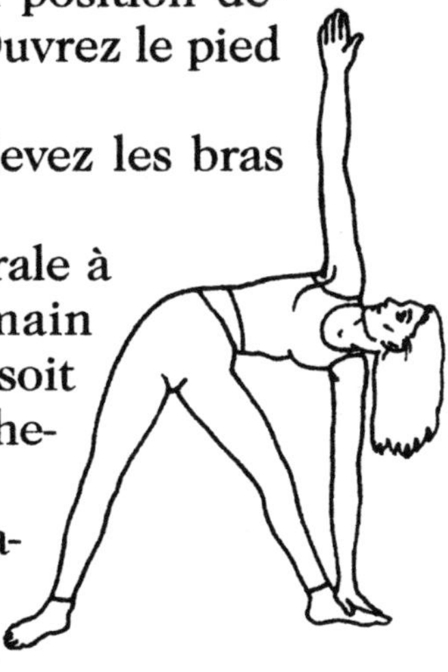

Position de départ : en position debout, jambes écartées. Ouvrez le pied droit sur le côté.
Posture : en inspirant, levez les bras en croix.
En expirant, flexion latérale à droite pour poser la main droite soit sur le genou, soit sur le tibia, soit sur la cheville, selon la souplesse.
Gardez la posture puis pratiquez de même de l'autre côté, en ouvrant le pied gauche sur le côté.

Conseils : le bras et la main gauches sont tendus vers le ciel. Les deux bras sont dans le prolongement l'un de l'autre, la poitrine cherche à se tourner vers le ciel.

Bénéfices :

– assouplissement de la taille.
– étirement des muscles du bas du dos.
– améliore la circulation sanguine.
– stimulation générale.

LA PINCE

C'est une des postures majeures du Hatha Yoga, elle est particulièrement recommandée pour éveiller ce chakra.

Position de départ : en position assise, allongez les jambes au sol.

Placez les mains sur les genoux et cherchez à redresser le dos le plus verticalement possible.

Posture : en inspirant, montez les bras à la verticale et étirez le dos quelques instants.

En inspirant, amenez les mains au-dessus des pieds ou des genoux, selon la souplesse, comme si vous vouliez attraper un objet situé devant les pieds.
La tête ne descend pas, le ventre cherche à se plaquer contre les cuisses. Le bassin doit basculer vers l'avant. La poitrine est redressée.

Conseils : pour faciliter la bascule du bassin, il peut être bon dans un premier temps de placer un coussin sous les fesses.
En fin d'étirement, la tête descendra vers les genoux et la posture sera gardée dans l'immobilité quelques instants.

Bénéfices :
– stimule les reins, le foie, les surrénales, le pancréas.
– tonifie les organes pelviens et améliore les problèmes gynécologiques chez la femme.
– élimine les surcharges graisseuses de l'abdomen.

Contre-indications : sciatique, arthrite, pincement de disques intervertébraux.

LA MONTAGNE

Position de départ : à quatre pattes
Posture : tendez les jambes et les bras.
Les talons cherchent à toucher le sol, les jambes sont jointes.
La tête rentre vers la poitrine.
Le corps forme comme un toboggan.

Bénéfices :
– favorise la circulation sanguine jusqu'aux extrémités.
meilleure irrigation de la tête.

Rééquilibrer le centre sacré

En position debout, écartez légèrement les genoux et placez une main sur le bas-ventre et l'autre dans le bas du dos. Lentement commencez à faire des cercles avec votre bassin, sans bouger les genoux. Sentez bien que le mouvement part depuis le bassin.
Cette pratique peut se faire les yeux fermés, le bassin peut être mobilisé dans les deux sens.

Activités complémentaires

Le massage style californien est très recommandé pour se réconcilier avec son corps, sa sensualité, de même la danse du ventre et les jeux dans l'eau.

LE CENTRE SOLAIRE

MANIPURA CHAKRA

C'est le centre du feu qui brille comme un bijou, rayonnant de vitalité et d'énergie.
"Mani" : pierreries; "pura" : cité.

Localisation : au niveau du nombril, en lien avec le plexus solaire.
Organes et glandes associés : les organes d'assimilation : estomac, pancréas, foie, vésicule biliaire, mais également les surrénales.
Maladies et dysfonctionnements physiques : troubles digestifs, diabète, stress, fatigue, états dépressifs...
Couleur : jaune.

Energie manifestée dans ce centre :
C'est le centre de l'ego et du "moi", de l'intelligence et du pouvoir, de la force intérieure et du magnétisme. Beaucoup d'êtres s'y installent avec satisfaction, car il est aussi le monde de la domination, de l'"arrivisme" et parfois de la tyrannie. Orgueil et jalousie les accompagnent.
L'autre face de la médaille est constituée de soumission et de timidité, de l'attitude de l'éternelle victime qui peut, elle aussi, devenir, un jour, bourreau.
Mais lorsque les énergies du centre solaire sont gérées convenablement, elles peuvent conduire à une forme d'intelligence et de magnétisme, au service non plus de son propre ego, mais pour le bien de tous. On verra se développer le sens de la collaboration et des responsabilités et une forme d'humilité.
L'énergie de ce centre est à équilibrer si l'on ressent de la colère, de l'agressivité pour soi ou pour les autres, s'il nous semble que nous subissons notre vie, que nous ne trouvons pas notre place, que nous ne sommes pas reconnus des autres.

ACTIVER LE CENTRE SOLAIRE

GONFLER ET CREUSER LE VENTRE ___

C'est une pratique très puissante qui concerne tout l'abdomen.

Position de départ : cet exercice peut se réaliser debout, assis ou allongé sur le dos.
Pratique : expirez profondément et gardez les poumons vides.
Creusez le ventre pour remonter l'estomac vers les poumons.

Gardez quelques instants le creux, puis inspirez normalement, effectuez une respiration normale, puis reprendre la pratique.
Quand le creux est bien maîtrisé, commencez à creuser et gonflez le ventre

alternativement, toujours poumons vides.
Conseils : pour pratiquer debout, installez les mains en appui sur les genoux, bras tendus, la tête regardant le ventre.

Bénéfices :
– stimulation de tous les organes de l'abdomen.
– améliore le transit intestinal et les troubles sexuels.

LA LUNE

C'est une position qui recentre et recharge.

Position de départ : assis sur les talons.
Posture : posez le front au sol, près des genoux.
Tendez les bras en avant, au sol.
Respirez lentement dans le ventre.

Bénéfices :
- détend le nerf sciatique.
- régularise les surrénales.
- améliore les troubles sexuels.

LA BARQUE

Position de départ : allongé sur le ventre, bras collés aux oreilles, jambes jointes et tendues.
Posture : en inspirant, levez les bras et les jambes le plus haut possible, pressez les mains l'une contre l'autre, les genoux l'un contre l'autre, les chevilles l'une contre l'autre et gardez la position autant que possible en respirant normalement.
Conseils : l'attention dans cette posture est portée sur la pression des chevilles, des genoux et des mains. Les jambes sont tendues.

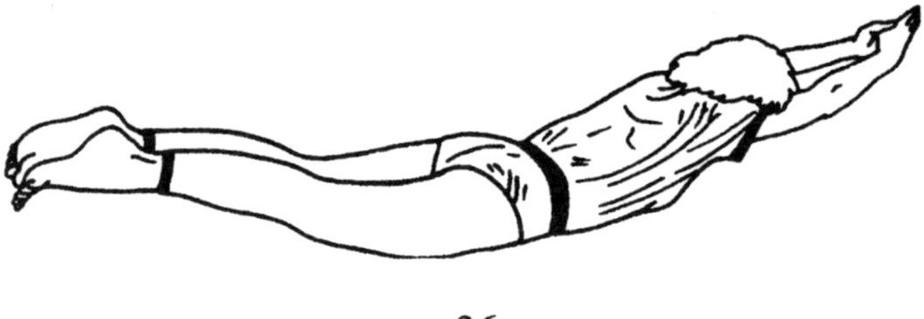

Bénéfices :

– soulage les troubles de l'estomac et de la digestion.

– favorise l'activité de la rate et du foie.

RÉHARMONISER LE CENTRE SOLAIRE

En position debout, jambes légèrement écartées, allongez les bras vers le sol. En inspirant, tournez les paumes des mains vers l'avant et levez la tête vers le ciel, ressentez ce qui vit en vous, quels personnages vous devenez alors.

Puis en expirant, tournez les paumes vers l'arrière et descendez le regard vers la terre, pratiquez alors les mêmes observations intérieures. Pratiquez deux à trois fois dans ces deux positions.

Activités complémentaires

– Les arts martiaux, car ils alternent harmonieusement les énergies d'attaque ou d'impulsion et celles de défense ou de réceptivité.

– Toute activité qui relie à un partenaire comme le tennis, le ping-pong, est un excellent plan de travail pour développer la juste relation à l'autre, spécialement pour les personnes qui ont toujours tendance à se placer en victime. Pour celles qui endossent facilement le rôle de chef ou de bourreau, il sera bon de pratiquer des activités où il faut s'abandonner, lâcher prise comme le massage, les jeux sans compétition ou en équipe.

LE CENTRE DU COEUR

Anahata chakra

Premier des chakras supérieurs, il signifie : "non frappé", dans le sens où le son du battement de cœur est sans origine.

Localisation : entre la gorge et le centre de la poitrine, au niveau du thymus.
Organes et glandes associés : le cœur, le système respiratoire et sanguin, le thymus.
Maladies et dysfonctionnements : maladies cardiaques et respiratoires, anémie, hypertension, palpitations, asthme, bronchite...
Couleur : vert.

Energie manifestée dans ce centre :
Il s'agit du centre de l'amour, mais d'un amour inconditionnel, c'est le centre du besoin d'être uni, d'aider, de partager, d'être relié...
Quand l'énergie est disharmonieuse, il y a attachement, peur de perdre l'objet de son amour, jalousie, possession affective...
Quand l'énergie est harmonieuse, elle véhicule l'amour inconditionnel et désintéressé, le non-attachement, l'altruisme, la générosité...

ACTIVER LE CENTRE DU CŒUR

L'OISEAU

Position de départ :
assis sur les talons.
Posture : glissez la jambe droite vers l'arrière, tendue.
Placez le genou gauche, le pied gauche, le ge-

nou droit, le pied droit sur une même ligne. Relevez le buste et placez les deux mains sur le genou avant.

Ramenez le pied droit vers la fesse droite, légèrement à l'extérieur. Saisissez la plante du pied droit avec la main droite. Levez le bras et la main gauche devant vous, comme si vous cueilliez une fleur dans le ciel.

Gardez quelques instants puis relâchez et recommencez de l'autre côté.

Conseil : cette posture doit être prise avec beaucoup de grâce et de beauté.

Contre-indications : sciatique et problèmes lombaires.

Bénéfices :

– développe la féminité et la reconnaissance de sa beauté intérieure.

L'ARC À GENOUX

Position de départ : à genoux.
Posture : avancez les cuisses au maximum et inclinez-vous vers l'arrière pour placer les mains sur les talons.
Relâchez la tête vers l'arrière.

Conseils : avancez les cuisses au maximum pour qu'il y ait très peu de poids sur les mains. Faites suivre cette posture de la posture de l'enfant.

Contre-indications : problèmes lombaires

Bénéfices :
– redresse les dos ronds.
– stimule l'appareil digestif, excréteur et reproducteur.

C'est une posture de recentrage et d'humilité.

Position de départ : assis sur les talons.
Posture : posez le front au sol et les mains sur les plantes des pieds.

Bénéfices :
– stimule la respiration par pression des poumons.
– masse les organes internes, le diaphragme et la poitrine.
– détend le bas du dos.

Réharmoniser le centre du cœur

En position debout, installez vos pieds bien en contact avec le sol, jambes légèrement écartées. Imaginez que celles-ci sont comme la base d'une pyramide. Redressez le dos et la tête, celle-ci représente le sommet de la pyramide. Ressentez votre corps fermement ancré au sol, mais également tendu vers la verticalité parfaite. Au centre de votre pyramide brille le soleil de votre cœur, installez avec attention sa présence.

Terminez en vous allongeant sur le dos confortablement et visualisez dans l'espace de votre cœur votre fleur préférée qui rayonne son parfum, ses couleurs, sa beauté. Puis mentalement offrez cette fleur à quelqu'un que vous aimez.

Activités complémentaires

La prière, le contact avec les enfants, les animaux, la relaxation, les groupes d'écoute, de partage, la danse libre.

LE CENTRE DE LA GORGE

VISHUDDHA CHAKRA

“Shuddha” signifie purifié et “Vi”, grand, au-delà de toute comparaison et analyse.

Organes et glandes associés : glandes thyroïde et parathyroïdes, cordes vocales, larynx.
Maladies et dysfonctionnements physiques : angine, goitre, dysfonctionnement thyroïdien, troubles de l’expression et du métabolisme.
Couleur : bleu.

Energie manifestée dans ce centre :
Le centre laryngé travaille en harmonie avec le centre du cœur, il permet l’expression de ce qui habite dans le cœur.

Il est la source de l'expression, verbale et autres, de la créativité, de la sensibilité artistique, de la conceptualisation.
Lorsque ce centre est bloqué, il conduit à la timidité, aux difficultés d'expression, d'innovation, et à une forme d'attachement au passé.
Quand il est pleinement épanoui, il permet l'émergence de la création intellectuelle, artistique, spirituelle pour l'évolution de l'humanité et au service de la paix, qui devient sa vibration.
L'énergie de ce centre est à développer si la voix est faible et timide, si l'on présente des difficultés ou des peurs à exprimer ses émotions, ses idées, si l'on souhaite développer ou améliorer sa créativité.

ACTIVER
LE CENTRE DE LA GORGE

L'ARC

Position de départ : allongé sur le ventre, ramenez les pieds vers les fesses et saisissez une cheville dans chaque main. (Si cela est impossible, gardez les talons vers les fesses et rapprochez les mains des pieds sans les saisir, fermez les poings).

Posture : le front est au sol.
En inspirant, montez les genoux le plus haut possible et décollez la tête qui part vers l'arrière.

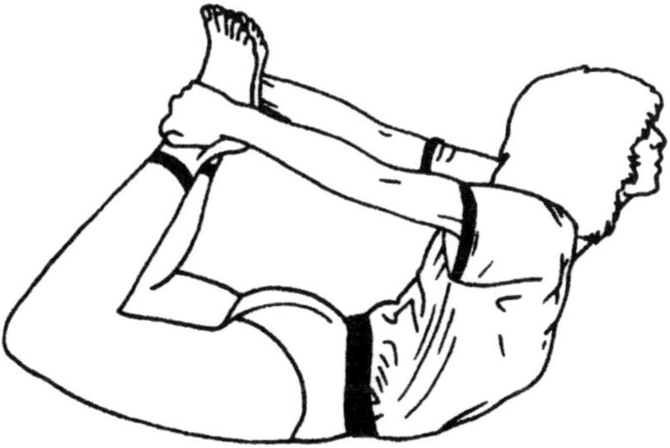

Conseils : plus les genoux sont rapprochés, plus la posture sera difficile et active. Il est important d'ouvrir la gorge vers le ciel.

Contre-indications : toute déformation de la colonne vertébrale.

Bénéfices :
– tonifie la colonne lombaire et thoracique et l'ensemble du corps.
– musculation des épaules, des bras, des mains et des cuisses.

LA SAUTERELLE

Position de départ : allongé sur le ventre.

Posture : glissez les bras joints sous le corps, doigts croisés, pouces contre le sol. Le menton est plaqué contre le sol.

En inspirant levez les jambes tendues en repoussant le sol avec les mains sans lever la tête. Gardez la position quelques secondes avant de relâcher complètement.

Conseils : dans cette posture, il est important que tout le poids du corps soit vers l'avant. Le menton ne doit pas pouvoir décoller du sol.

Contre-indications : ulcères gastriques, hernies, problèmes cardiaques.

Bénéfices :
– agit sur les reins, le pancréas, l'estomac, les viscères.
– renforce le cœur et le bas de la colonne vertébrale.

LA CHANDELLE

C'est une des postures majeures pour stimuler ce chakra.

Position de départ : allongé sur le dos, bras le long du corps.

Posture : repliez les genoux sur la poitrine. Repoussez le sol avec les mains pour soulever le bassin et le dos du sol.
Installez si possible les jambes à la verticale, en appui sur la nuque et les coudes.
Les mains sont en appui dans le bas du dos.

Conseils : il est demandé dans cette position, d'apprivoiser lentement le contact de la nuque avec le sol, pour qu'elle s'allonge et que les jambes se placent à la verticale.
Par la position, le passage de l'air est ralenti et la respiration Ujayi s'installe automatiquement.

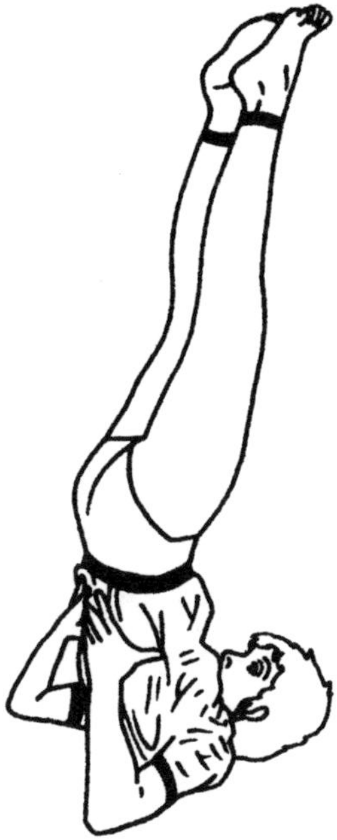

Contre-indications : hypertension ou troubles cardiaques. Dysfonctionnement du foie et de la rate.

Bénéfices :
– stimulation de la glande thyroïde et action sur tout le système glandulaire.
– irrigation du cerveau.
– aide en cas d'asthme, de bronchite.
– améliore la circulation sanguine dans les jambes.
– tonifie la colonne vertébrale.

Réharmoniser le centre de la gorge

Allongez-vous confortablement sur le sol et laissez sortir des sons. Par exemple au départ, vous pouvez démarrer avec le son "O", puis vous installez des variantes en modifiant l'intensité, la tonalité, l'émotion... Ne cherchez pas à chanter quelque chose de précis ou de juste mais à laisser simplement votre voix sortir, s'exprimer.

Activités complémentaires

Le chant et d'autres exercices sur la libération de la voix, le théâtre, la danse libre, la peinture, la sculpture et toutes autres formes de création artistique.

LE CENTRE FRONTAL

AJNA CHAKRA

C'est le centre du troisième œil.

Localisation : au niveau du front entre les sourcils.
Organes et glandes associés : hypophyse ou glande pituitaire, nez, nerf optique, partie inférieure du cerveau, système nerveux.
Couleur : indigo.

Energie manifestée dans ce centre :
C'est le centre de l'intuition et de toutes les facultés supérieures : clairvoyance, clairaudience, télépathie. Il développe les capacités d'abstraction et d'imagination qui peuvent parfois entraîner un manque de contact avec la réalité, un manque d'intérêt pour le

présent et un attachement trop fort pour le monde imaginaire. Ceci se manifestera si les autres chakras sont délaissés, spécialement ceux du bas.

Par contre, si ce centre est parfaitement équilibré, ces pouvoirs psychiques, cette connaissance intuitive, cette capacité de concentration seront orientés vers l'incarnation de l'esprit de vérité.

L'énergie de ce centre sera à developper si l'on manque de concentration, si l'on présente des troubles de la mémoire, des difficultés à imaginer, à utiliser son intuition, à rêver durant le sommeil.

ACTIVER LE CENTRE FRONTAL

TRATAK

Cette pratique apporte des résultats surprenants dans l'éveil du chakra frontal.

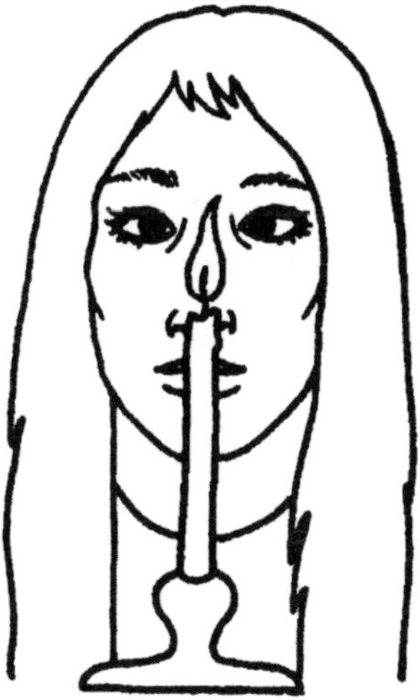

Position de départ : installez-vous en position assise face à une bougie allumée, à environ 40 - 50 cm de la flamme.
Posture : fixez le centre de la flamme sans cligner des yeux et sans les bouger. Dès que les yeux commencent à picoter, fermez-les et fixez l'image rémanente de la flamme (couleurs, formes). Puis, dès que l'image s'estompe, recommencez et ceci jusqu'à cinq fois.

Précautions : ne pas forcer, surtout au début.

Bénéfices :
- correction de la vue.
- apporte la stabilité mentale.
- améliore les insomnies.
- prépare à la méditation.

L'ARBRE

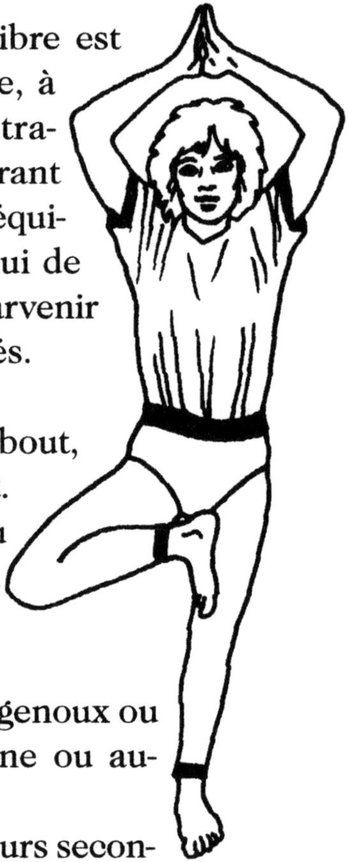

Le maintien d'un équilibre est lié à la stabilité mentale, à la capacité de concentration. En pratiquant durant quelques semaines un équilibre simple comme celui de l'arbre, nous pouvons parvenir à développer ces qualités.

Position de départ : debout, regard fixé sur un point.
Posture : pliez le genou gauche et placez la plante du pied gauche contre la cuisse droite.
Placez les mains sur les genoux ou joignez-les sur la poitrine ou au-dessus de la tête.
Gardez l'équilibre plusieurs secon-

des, lorsque celui-ci est stable, cherchez à le maintenir avec les yeux fermés.
Relâchez la position et faites de même de l'autre côté.

Conseils : en cas de difficulté, pratiquez près d'un mur qui vous servira de tuteur ou bien commencez en posant le pied gauche sur le pied droit, puis contre la cheville droite, puis le genou droit, jusqu'à arriver à la cuisse.

Bénéfices :
– apporte l'équilibre nerveux.
– fortifie les muscles des jambes, des pieds et des chevilles.

LA RESPIRATION ALTERNÉE

Selon comme ils sont pratiqués, les exercices respiratoires peuvent éveiller différents chakras. La respiration alternée touche essentiellement le troisième œil.

Position de départ : en position assise, le dos droit, placez l'index et le majeur entre les sourcils pour pouvoir fermer alternativement la narine droite et gauche avec le pouce et l'annulaire.

Pratique :

– bouchez la narine gauche et inspirez à droite.

– bouchez les deux narines, gardez une à deux secondes les poumons pleins.

– débouchez à gauche et expirez par la narine gauche.

– inspirez à gauche, bouchez les deux narines et gardez l'air.

– débouchez à droite et expirez par la narine droite.

Ceci constitue une respiration alternée. Pratiquez-en ainsi douze.

Conseils : durant la pratique, la conscience est focalisée entre les sourcils, au point de contact des doigts avec le front. Ce point est appelé troisième œil. L'air qui entre et sort dessine une pyramide dont le sommet sera le troisième œil et la base les deux narines.

Bénéfices :
– apporte calme et tranquillité
– élimine les toxines du sang.
– stimulation des centres nerveux par apport d'oxygène.
– équilibre les conduits énergétiques ida et pingala.

RÉHARMONISER LE CENTRE FRONTAL

Yeux fermés, choisissez un symbole qu'il est facile pour vous de visualiser : un soleil, une fleur, un mot... et concentrez-vous sur cette image. Si votre esprit s'échappe vers d'autres pensées, ramenez-le dans cette contemplation durant quatre minutes au départ, augmentez progressivement la durée.

Activités complémentaires

Tout type d'activité qui demande concentration et équilibre : le tir à l'arc, les jeux d'adresse, l'alpinisme...

LE CENTRE CORONAL

Sahasrara chakra

Sahasrara est le lotus aux mille pétales, c'est la représentation que l'on donne de ce chakra. Pour certains yogis, il est considéré comme la somme de tous les chakras.

Localisation : sommet du crâne.
Organes et glandes associés : glande pinéale ou épiphyse. Cette glande représenterait le lien entre le corps physique et les plans subtils de l'être humain.
Couleur : violet.

Energie manifestée dans ce centre :
Ce chakra est très lié au précédent.
Lorsque le centre coronal est ouvert, il s'établit un contact avec l'âme, avec d'autres réali-

tés immatérielles. Il en résulte une certaine forme de sagesse et de réalisation de soi, parfois on parlera d'union mystique.

Mais si l'être n'est pas suffisamment équilibré, comme pour le chakra précédent, une trop grande ouverture de ce centre peut conduire à des désordres psychiques.

L'énergie de ce centre sera à développer si l'on souhaite introduire une dimension spirituelle dans sa vie, si l'on désire contacter son âme, recevoir des guidances...

ACTIVER LE CENTRE CORONAL

LE GRAND GESTE

Cette pratique nous permet de visualiser et de traverser tous les chakras pour terminer en Sahasrara chakra. La concentration doit se déplacer en harmonie avec le souffle et le mouvement des mains.

Position de départ : en position assise, placez les mains sur les genoux.
Posture : sur l'expiration, contractez les sphincters de l'anus.
En inspirant, relâchez.
Pratiquez ainsi quelques respirations, en laissant la conscience sur le premier chakra.

Puis en inspirant lentement et profondément, montez les mains, face au corps, jusqu'à ouvrir les bras en coupe vers le ciel et restez quelques instants poumons pleins.
Cherchez à visualiser une aura de lumière autour de votre

tête. Sentez tout votre corps irradier la paix tout autour de lui.
Maintenez cette position aussi longtemps que possible mais sans forcer.
Sur l'expiration, redescendez les mains face au corps pour les reposer sur les genoux.
Poumons vides, contractez les sphincters.
Puis reprendre la montée des mains et des bras.
Pratiquez ainsi douze fois.

Conseils : les mains se déplacent à environ cinq centimètres du corps. La conscience suit leur évolution, spécialement lorsque les mains passent devant un chakra. Le souffle peut être visualisé comme un courant de lumière blanche, montant et descendant à travers Sushumna nadi.

Bénéfices :

– augmente l'énergie vitale, le magnétisme et la joie de vivre.

LE ROCHER

Bien que très simple, cette posture fait partie des postures inversées dont les propriétés sont nombreuses, spécialement sur le cerveau et le système nerveux. De ce fait, ces postures favorisent grandement l'éveil spirituel.

Position de départ : à genoux.
Posture : placez le sommet du crâne au sol, genoux légèrement écartés.

Levez les pieds et saisissez une cheville dans chaque main.
Conseils : la nuque doit être la plus verticale possible.
Cette posture pourra remplacer la posture suivante, posture sur la tête, pour les personnes qui n'arrivent pas à la pratiquer.

Bénéfices :
– régénère le cerveau.

Activités complémentaires

Méditations seul ou en groupe, retraite spirituelle, contact avec la nature.

VISUALISATION :

«LE PAYSAGE DE MONTAGNE»

Position de départ : assis.
Visualisation : durant quelques instants, parcourez mentalement l'ensemble de votre corps pour le détendre...
Puis expirez plusieurs fois profondément...
Laissez la respiration se faire par elle-même.
Installez la conscience au niveau du premier chakra, du deuxième chakra, etc., jusqu'au septième... et proposez-vous d'effectuer un voyage à travers tous ces centres.
Visualisez un paysage de montagne que vous connaissez déjà ou que vous imaginez.
– Gardez la conscience au niveau du premier chakra et visualisez la terre, les rochers, les arbres et les végétaux qui peuplent cette montagne.... vous marchez sur cette terre, à travers ces arbres aux racines immenses. Cette terre nourricière remplit votre premier centre...

– Amenez la conscience au niveau du deuxième chakra et visualisez de l'eau dans cette montagne : une rivière, une cascade ou un lac à l'eau tranquille et pure qui baigne votre deuxième centre...
– Amenez la conscience au niveau du troisième chakra et visualisez un beau soleil au zénith qui resplendit sur ce paysage... ce soleil illumine votre troisième centre...
– Amenez la conscience au niveau du quatrième chakra et mettez-vous en contact avec le ciel bleu et pur qui enveloppe ce paysage... cette pureté inonde votre quatrième centre.
– Amenez la conscience au niveau du chakra de la gorge et ressentez tout ce qui peuple ce paysage et qui demeure invisible... la vie qui anime et recrée sans arrêt cet univers... la même force de création prend naissance dans votre cinquième centre...
– Amenez la conscience au niveau du sixième chakra et visualisez votre propre être au milieu de ce paysage vivant.. entrez en communication avec lui... recevez ses messages...

– Amenez la conscience au sommet du crâne et expérimentez qu'il n'y a pas de séparation entre vous et ce paysage... vous êtes en lui... il est en vous... et gardez votre conscience totalement déployée dans cette union durant quelques instants...
Puis revenez au paysage de la montagne, votre propre corps dans ce paysage... le ciel, le soleil... l'eau... les arbres, les rochers, la terre... Inspirez profondément et bougez lentement votre corps.

PETITE MISE EN TRAIN DES CHAKRAS

1er chakra : centre coccygien

En position assise, le dos droit, amener la conscience à la base de la colonne vertébrale.
- Puis pensez à la couleur rouge et tout ce qui peut la représenter.
- Puis expirez profondément, gardez les poumons pleins et contractez les sphincters de l'anus comme pour se retenir d'aller aux toilettes. Intensifier la visualisation de la couleur rouge. Après quelques secondes, inspirez profondément en laissant la couleur rouge se répandre dans tout le bassin.

Pratiquer cinq à douze fois.

2ème chakra : centre sacré

Debout, jambes jointes, penchez-vous en avant pour que les mains touchent le sol, de chaque côté des pieds. Si nécessaire, fléchissez les genoux.

- Cherchez à toucher les genoux avec le front, mais sans forcer.
- Restez concentré sur Swadhisthana chakra en y visualisant la couleur orange.

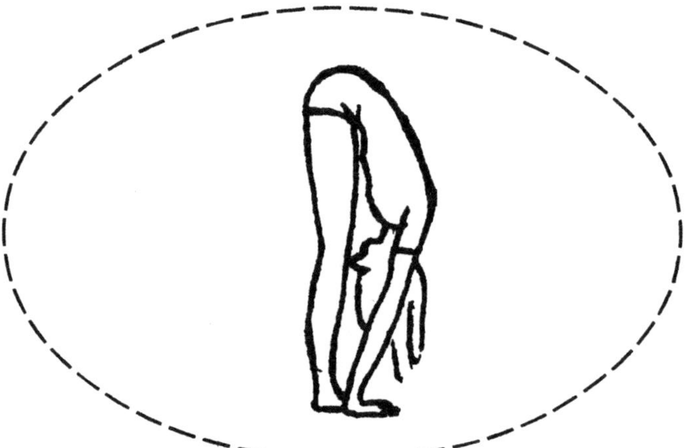

3ème chakra : centre solaire

En position debout, assise ou allongée, expirez profondément, gardez les poumons vides et rétractez le ventre.
- Restez ainsi quelques instants.
- Dès que le besoin d'expirer survient, relâchez la contraction et expirez normalement.

Pour les débutants, il est plus facile de commencer à pratiquer en position debout. Pieds écartés, mains en appui sur les genoux.
Pratiquer jusqu'à neuf fois.

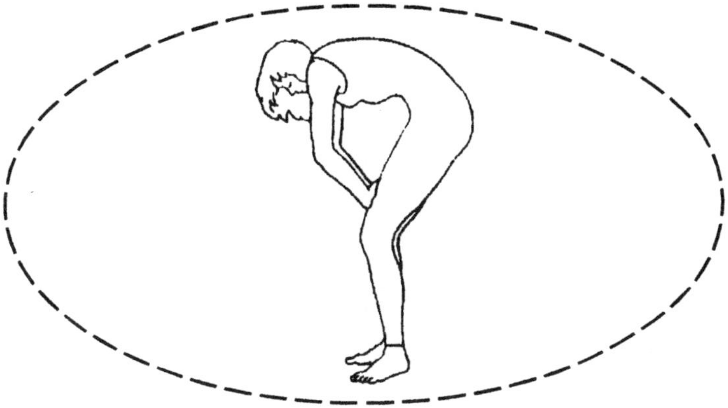

4ème chakra : centre cardiaque

Allongé sur le dos, repliez les jambes, croisées vers le bassin.
- Prenez un appui sur les coudes pour soulever le dos et placer le sommet du crâne au sol. Creusez le dos au maximum.
- Restez concentré sur la région du cœur.

5ème chakra : centre laryngé

En position assise confortable, dos droit.
- En inspirant, descendre le menton vers le sternum puis bloquer le souffle et basculer la tête vers l'arrière. En expirant, laisser jaillir le son OM, comme une explosion dans la gorge. Pratiquer sept fois de suite.

6ème chakra : centre frontal

S'installer en position assise, face à une bougie allumée. Fixer intensément, sans cligner des yeux, le centre de la flamme.
Puis fermer les yeux et observer les phosphènes qui apparaissent.
Pratiquer trois fois de suite.

7ème chakra : centre coronal

Son ouverture ou activation dépend de la libre circulation de l'énergie dans les autres centres.
Choisissez une position assise, confortable, avec le dos droit.
Fermez les yeux et observez quelques instants la respiration.
Amplifiez l'expiration pour détendre l'ensemble du corps.

Laissez la respiration se calmer et observez les émotions qui vous habitent. Telles les vagues d'un lac, après une tempête, ces émotions s'apaisent lentement et la paix vient s'installer au centre du cœur. Puis le mental se calme lui aussi. Les pensées, tels des nuages emportés par le vent, disparaissent lentement. Placez la conscience au sommet du crâne et visualisez-la, comme un canal qui s'en va vers le haut, à l'infini.
Gardez la concentration sur ce canal et entrez en union avec tout ce qui vous entoure.

L'ENERGIE DES CHAKRAS DANS LA VIE RELATIONNELLE

La vie relationnelle est un très bon miroir pour analyser la manière dont nous guidons notre énergie sur l'arc-en-ciel énergétique de nos chakras.

1er chakra

Le centre coccygien

Ce centre nous relie au monde des pulsions et des instincts, à l'énergie vitale, à la polarité : «peur/agressivité». Au niveau relationnel, il peut manifester l'agression verbale ou physique envers l'autre ou encore la protection physique, celle de la mère nourricière, par exemple.

Le centre sacré

2e chakra

Ce centre est en rapport avec le désir et le plaisir, il est relié à la sensualité, aux plaisirs de la table, mais également à l'appartenance à un groupe social, politique, spirituel, sportif...
Sur le plan relationnel, il conduit à des attitudes de séduction, d'attirance sexuelle ou sensuelle, un désir de contact physique ou de partage des mêmes plaisirs et désirs.

3e chakra

Le centre solaire

Ce centre est en rapport avec le pouvoir, l'ego, la capacité de s'affirmer. Une énergie disharmonieuse dans ce chakra peut conduire au nombrilisme, à l'autoritarisme ou au contraire à la soumission. Il crée les «petits chefs» ou les «moutons».

Ces trois premiers chakras sont reliés à la matière, à l'aspect émotionnel de la relation à soi et à l'autre et surtout à notre vulnérabilité, qui peut être masquée par l'agressivité du premier chakra, la séduction du deuxième, l'autoritarisme ou la soumission du troisième. La vulnérabilité provient généralement des deux types de peurs fondamentales : échouer (à ses yeux et aux yeux de l'autre) et être rejeté, deux faces de la médaille de peur de ne pas être aimé. L'état de vulnérabilité reste souvent inconscient, il est dangereux, donc très vite effacé et remplacé par une attitude de pouvoir ou de retrait.

Quelles sont les situations de votre vie quotidienne qui vous placent en état de vulnérabilité ?
Sur le plan affectif
- Mon partenaire s'intéresse à quelqu'un d'autre
- Il me fait une remarque sur ma tenue vestimentaire, ma coiffure.

- Elle réussit mieux que moi professionnellement
- Il ne partage pas mes idées sur l'éducation des enfants, sur la politique, la religion.
- Elle part en voyage seule plusieurs jours.
- Il ne me laisse pas m'exprimer devant nos amis.

Sur le plan professionnel
- Mes employés ne m'obéissent pas.
- Mon employé a de meilleures idées que moi.
- Une femme me donne des ordres.
- Mon collègue de travail a obtenu avant moi une augmentation, une gratification.
- Je dois prendre une responsabilité.
- Mon chef ou un client est colère contre moi.
- Je me sens fatigué physiquement.
- Il y a menace de licenciement ou de faillite.

Sur le plan relationnel
- Je dois dire non à un(e) ami(e)
- Je suis confronté à un refus, un rejet.

- Je me ressens inférieure intellectuellement, moins jolie physiquement que mes amies.
- Un ami m'exprime sa souffrance, pleure devant moi.

Notez toutes les situations qui vous rendent mal à l'aise, vulnérable. Dans cet état de vulnérabilité, quelles attitudes, réactions adotpez-vous pour vous protéger ? Colère, agressivité, tristesse, fuite, soumission, autoritarisme, séduction ?

Par exemple, votre employeur vous fait une remarque sur un travail mal effectué. Vous êtes particulièrement sensible au jugement et à l'appréciation que l'on porte sur votre travail, vous réagissez d'une des manières suivantes :
- Vous vous mettez en colère, agressez votre patron, en lui envoyant le rapport à la figure. Energie du premier chakra.
- Vous quittez immédiatement le bureau et prenez une semaine d'arrêt maladie. Energie de fuite du premier chakra.

- Vous cherchez à vous défendre par la séduction soit physique (si l'agresseur est de sexe opposé), soit verbale. Vous cherchez des circonstances atténuantes qui peuvent vous faire pardonner. Energie du deuxième chakra.
- Vous acceptez toutes les remarques qui vous sont faites et même vous en rajouter, bien que vous pensiez que cela est injuste et vous promettez de refaire le travail en dehors de vos heures réglementaires. Energie de la victime du troisième chakra.
- Vous avez envie d'envoyer le rapport d'incapable. Mais vous pensez que pour votre carrière professionnelle, il est préférable d'adopter une autre stratégie, alors vous vous justifiez, vous entamez une guerre psychique, vous cherchez à trouver la faille chez l'autre, par exemple en lui reprochant une erreur qu'il a commise dans le passé. Energie du troisième chakra.

Il est également probable que dans une même situation, sur un temps très court, vous adoptiez deux types d'énergie. Par exemple si la séduction ne suffit pas à vous placer en sécurité, l'agressivité prendra le relais. On passera alors du deuxième chakra au premier, très rapidement et souvent inconsciemment.

Vous arrive-t-il parfois d'installer ces attitudes avant même d'être en état de vulnérabilité ?

Quels sont les types d'énergie que vous ne vivez jamais et même que vous détestez chez les autres ?
- La colère extériorisée, l'agressivité vous sont-elles inconnues ?
- Vous sentez-vous mal à l'aise face à une femme séductrice, sensuelle ?
- Le terme plaisir est-il absent de votre langage, est-il remplacée par efficacité, rentabilité.
- Vous refusez toutes les situations où vous pourriez avoir une forme de pouvoir ou de responsabilité ?

- Vous ne baissez jamais la tête devant personne.
- Vous ne pleurez jamais devant vos ami(e)s.

Ce tour d'horizon rapide vous permettra d'envisager quels types d'énergie, de chakras vous utilisez le plus souvent dans une relation et ceux que vous reniez ou fermez.

Choisissez un type d'énergie que vous ne manifestez jamais et choisissez consciemment de l'exprimer dans une situation appropriée.

4e chakra

Le centre cardiaque

C'est le centre de l'amour inconditionnel. L'ego s'est effacé, les peurs sont envolées. Sur le plan relationnel, l'énergie d'amour manifestée n'attend rien en retour, ne possède ni ne juge.

5e chakra

Le centre laryngé

C'est le centre de l'expression, de la créativité. Les timides ne le manifestent pas assez. La paix est une vibration appartenant à ce chakra et qui se manifestera dans la relation.

Nous avons vu dans les trois chakras précédents les réactions émotionnelles qui surgissent de l'état de vulnérabilité dans le relationnel et également de la difficulté de rester en relation avec cet état de vulnérabilité. Dans le chakra du cœur, il n'y a pas de réaction, mais un contact ou une prise de conscience avec ce qui se passe, avec les émotions, les manifestations physiques et surtout la peur.
Le chakra laryngé permettra d'exprimer cette vulnérabilité sans agresser l'autre mais sans fuir.

Dans ces deux centres énergétiques, nous prenons conscience que nous sommes créateurs et acteurs de notre propre réalité.

Remémorez-vous des moments de votre vie relationnelle où vous avez exprimé simplement à l'autre, dans une situation de conflit, votre peur d'être abandonnée, de ne pas être aimée, votre tristesse..., des situations où vous n'avez pas mis votre stratégie habituelle en place.

Bien sûr, il existe des relations plus propices à ce genre d'expression, spécialement les relations d'amitié Les relations professionnelles nous relient parfois à des personnes qui n'effectuent pas la même recherche. Mais même s'il n'est pas possible d'exprimer sa fragilité, il est possible, en restant en contact avec elle, de ne pas réagir contre l'autre.

6e chakra

Le centre frontal

C'est le centre de l'intuition et de toutes les facultés supérieures. au niveau relationnel, cette énergie nous permettra d'avoir une perception globale des interactions énergétiques qui nous relient à l'autre. Nous sortons de notre problématique individuelle pour développer une vision globale.

7e chakra

Le centre coronal

C'est le centre de la réalisation et de l'illumination. Son énergie peut être perçue lors de certains états de méditation ou d'union. Il représente le seuil avec le monde spirituel. Son énergie se manifeste peu sur un plan relationnel horizontal. Elle peut être approchée lors de certaines relations sexuelles. Il s'agit plus d'une relation verticale avec la divinité qui, bien sûr, nourrira notre relation aux autres.

Dans ces deux chakras dits supérieurs se trouvent les clefs de non-jugement, de synthèse, de compréhension, de guérison nécessaires à la transformation de nos relations. La prise de conscience et l'expression de sa vulnérabilité sont un premier pas à compléter par la guérison de cette vulnérabilité. L'état d'invulnérabilité ou d'insensibilité n'est pas recherché, il s'agit plutôt de la transformation des mécanismes de base qui ruinent systématiquement la relation.

Il pourrait sembler après ce survol de notre mode relationnel que les trois premiers chakras n'induisent que des énergies perverses et qu'il faudrait se focaliser sur les chakras centraux et supérieurs. Les énergies des trois premiers chakras sont également nécessaires. Dans différentes situations, il peut être bon d'affirmer son autorité ou de savoir être agressif pour défendre sa vie. Ces énergies deviennent pathologiques quand elles deviennent systématiques, inconscientes, sans raison véritable d'exister et quand elles étouffent d'autres types d'énergie.

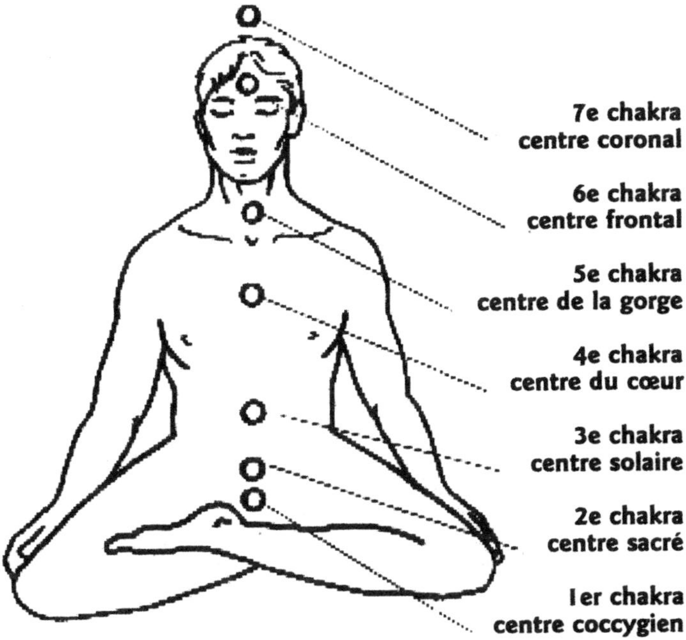

CONCLUSION

Nous avons voyagé à travers les différents chakras par les postures, les mouvements et la respiration. Bien sûr, il existe de nombreuses manières d'éveiller les chakras, elles sont plus ou moins subtiles : les couleurs, le son, le magnétisme, la visualisation...

Il est important que chacun découvre ce qui lui convient et il n'y a de toute façon aucune opposition entre ces différentes approches.

L'avantage de l'approche par le mouvement est que l'énergie du chakra est très rapidement perceptible dans son aspect physique, mais également énergétique. Pendant une posture, il est très facile de localiser le chakra concerné. La posture le met en valeur.

Après la posture, il est aisé et encourageant de sentir l'énergie qui circule à travers ce chakra. Cela n'est pas toujours le cas pour d'autres approches plus subtiles, qui ont bien sûr leur valeur le moment venu, mais sont plus abstraites pour les débutants.

On parle souvent des chakras comme des fleurs de lotus à différents pétales. Le néophyte regarde la fleur, la touche, observe sa forme, il apprend à connaître cette fleur. Un botaniste avancé va plus loin, il s'intéresse à des détails, fait des comparaisons, va plus loin dans son approche du lotus. Mais avant cela, il a été néophyte. Il en va de même pour la connaissance des chakras, ils ont des correspondances très physiques avec les glandes et les organes qu'il est important de connaître et de sentir avant d'approcher les énergies plus subtiles.

Ainsi les postures, le mouvement, la respiration sont une base sûre et efficace de découverte, d'éveil et de purification des chakras. De plus, c'est une approche qui peut être vécue individuellement à son propre rythme sans aide extérieure et sans danger.

Dans la même collection :

GESTES SIMPLES POUR VIVRE LE BIEN-ÊTRE AU QUOTIDIEN
Farida Benet

GUÉRIR PAR DES MÉDECINES NATURELLES ET LES COMPLÉMENTS ALIMENTAIRES
Daniel Althaus

LE MONDE DES COULEURS POUR NOTRE SANTÉ
Muriel Fandjo

MASSAGE RÉFLEXE DES MAINS
M. Fandjo

LES POINTS DE KNAP
L. Clergeaud

LA MAGIE DES CRISTAUX
D. Tonossi

MÉDITATIONS CORPORELLES UNIFIANTES
Stéphane Rudaz

Chez le même éditeur :

COURS D'UTILISATION DES ESSENCES DE FLEURS DU DR BACH

Danielle Tonossi

Les essences de fleurs sont des remèdes à la fois puissants et doux pour les blessures de l'âme et les émotions négatives. Ce manuel complet et pratique vous présente chaque essence et vous apprend lesquelles choisir, et comment les préparer et les utiliser

PRIER... DEMANDER ET RECEVOIR

Janine Mora

Si nous savons prier, Dieu devient écoute, l'Univers sort de son indifférence, plus rien n'obscurcit la lumière, l'énergie se remet en mouvement.

Ce livre éclairera votre recherche tant au niveau du coeur que de l'esprit et vous entrerez très vite dans le processus fondamental et naturel de la prière, qui assure votre bien-être profond et accompagne votre chemin de vie pour que vous receviez à chaque instant tout ce qu'il vous faut.

AUTO-OSTEOPATHIE

L. Clergeaud

Apprenez à choisir les positions ou mouvements qui détendent et "débloquent" pour renouer le contact avec votre corps délivré de ses douleurs. Torticolis, cervicalgies, sciatiques, lumbagos... évoquent beaucoup de souffrances, mais les problèmes de dos ne sont pas une fatalité. Ce livre pratique et illustré vous enseigne les principes simples et efficaces de l'auto-ostéopathie.

VIVRE AVEC LES COULEURS

Janine Mora

Les couleurs influent sur les ambiances, les émotions. Savoir les choisir (dans l'habillement, la décoration, au travail...), connaître leurs effets, participe à notre harmonie et notre réussite. Un livre pratique avec des couleurs-tests.

Catalogue complet sur simple demande aux

Editions Recto-Verseau - CP 12 - CH - 1680 ROMONT

Achevé d'imprimer d'après les documents fournis, en octobre 1999
IMPRIMERIE LIENHART à Aubenas d'Ardèche
Dépôt légal : octobre 1999 - N° d'imprimeur : 1835